BEI GRIN MACHT SICH IHR WISSEN BEZAHLT

- Wir veröffentlichen Ihre Hausarbeit, Bachelor- und Masterarbeit
- Ihr eigenes eBook und Buch - weltweit in allen wichtigen Shops
- Verdienen Sie an jedem Verkauf

Jetzt bei www.GRIN.com hochladen und kostenlos publizieren

Bibliografische Information der Deutschen Nationalbibliothek:

Die Deutsche Bibliothek verzeichnet diese Publikation in der Deutschen Nationalbibliografie; detaillierte bibliografische Daten sind im Internet über http://dnb.d-nb.de/ abrufbar.

Dieses Werk sowie alle darin enthaltenen einzelnen Beiträge und Abbildungen sind urheberrechtlich geschützt. Jede Verwertung, die nicht ausdrücklich vom Urheberrechtsschutz zugelassen ist, bedarf der vorherigen Zustimmung des Verlages. Das gilt insbesondere für Vervielfältigungen, Bearbeitungen, Übersetzungen, Mikroverfilmungen, Auswertungen durch Datenbanken und für die Einspeicherung und Verarbeitung in elektronische Systeme. Alle Rechte, auch die des auszugsweisen Nachdrucks, der fotomechanischen Wiedergabe (einschließlich Mikrokopie) sowie der Auswertung durch Datenbanken oder ähnliche Einrichtungen, vorbehalten.

Impressum:

Copyright © 2012 GRIN Verlag
Druck und Bindung: Books on Demand GmbH, Norderstedt Germany
ISBN: 9783656596400

Dieses Buch bei GRIN:

https://www.grin.com/document/268620

Carla Ernstberger

Die Rezeption der Metamorphosen Ovids in der europäischen Literatur und Kunst

GRIN Verlag

GRIN - Your knowledge has value

Der GRIN Verlag publiziert seit 1998 wissenschaftliche Arbeiten von Studenten, Hochschullehrern und anderen Akademikern als eBook und gedrucktes Buch. Die Verlagswebsite www.grin.com ist die ideale Plattform zur Veröffentlichung von Hausarbeiten, Abschlussarbeiten, wissenschaftlichen Aufsätzen, Dissertationen und Fachbüchern.

Besuchen Sie uns im Internet:

http://www.grin.com/

http://www.facebook.com/grincom

http://www.twitter.com/grin_com

Gymnasium St. Paulusheim Bruchsal 2011/2012

Thema der Arbeit: Die Rezeption der Metamorphosen in der europäischen Literatur und Kunst

Carla Ernstberger

Klasse 10b

Unterrichtsfach: Latein

Inhaltsverzeichnis

1. Allgemeines 3

2. Pyramus und Thisbe 4
   - 2.1 Informationen 4
   - 2.2 Rezeption 4

3. Niobe 8
   - 3.1 Informationen 8
   - 3.2 Rezeption 8

4. Pygmalion 12
   - 4.1 Informationen 12
   - 4.2 Rezeption 12

Literaturverzeichnis 16

1. Allgemeines

Rezeption bezeichnet die Aufnahme bzw. Übernahme von literarischen Werken, wie hier bei den **Metamorphosen Ovids**.[1]

Die Metamorphosen, welche insgesamt aus 15 Büchern bestehen, repräsentieren den riesigen Zeitraum von der Welterschaffung bis hin zur Vergöttlichung Julius Cäsar. In ihnen schrieb er die Verwandlungen seiner Helden, wie z.B. Apollo und Daphne, Orpheus und Eurydike, Pygmalion oder Niobe, und deren Fähigkeiten nieder.[2]

Bis zum 12. Jahrhundert waren die „Verwandlungen" in Vergessenheit geraten. Doch als dann das goldene Zeitalter der Ovid-Rezeption hereinbrach, erweckten die Metamorphosen großes Interesse. Schon allein das Mittelalter verfügt über 150 Übersetzungen und Handschriften ins Griechische und Deutsche.

Nachdem im 15. Jahrhundert jedoch der Buchdruck erfunden wurde, stieg die Zahl der Überarbeitungen und Ausgabon so sehr, dass sie kaum noch zählbar waren. Aber nicht nur die lateinischen Ursprungstexte waren auf dem Markt gefragt, sondern auch deren Nachdichtungen und christlichen, für das Volk verständlichen Umdeutungen.

Gerade solche Nachfolgertexte wurden von Künstlern gern zum Illustrieren benutzt. Bis ca. 1650 wurde die Metamorphosen-Illustration von der italienische Holzschnittserie, welche 1497 in Venedig erschien, beherrscht. Erst durch die Kompositionen des Franzosen *Bernhard Salomon* (1508-1561)[3] wurde diese Darstellungsart abgelöst.

Doch nicht nur auf die Kunst der Moderne werfen die Metamorphosen-Bilder einen Schatten, sondern auch heute noch werden sie gerne von Illustratoren, Malern und Kunsthandwerkern verarbeitet. Meistens werden aber immer dieselben dargestellt.[4]

---

[1] dtv Lexikon 15, S.15
[2] http://www.idw-online.de/de/news10587 21.12.2011 ; LATEIN KREATIV, Ovid METAMORPHOSEN, S.4,5
[3] http://www.answers.com/topic/bernard-salomon-art 21.12.2011
[4] http://www.idw-online.de/de/news10587 21.12.2011

2. Pyramus und Thisbe

2.1 Informationen

- Buch IV (Vers 55-166)
- Inhalt:
  Obwohl sich die beiden Nachbarskinder Pyramus und Thisbe so sehr lieben, wird ihnen von den Eltern die Heirat verboten. Aus diesem Grund beschließen sie, sich eines Nachts außerhalb der Stadt heimlich unter einem Maulbeerbaum zu treffen. Als Thisbe auf ihrem Weg dorthin eine Löwin erblickt, flieht aus Angst vor ihr, wobei sie jedoch ihren Mantel verliert. Dies wird dem Liebespaar zum Verhängnis, denn als die Löwin den Mantel findet, zerreißt sie ihn mit blutigem Maul, so dass Pyramus, als er diesen entdeckt, denkt Thisbe sei umgebracht worden. Aus seiner Verzweiflung heraus bringt er sich um. Doch nicht nur er, sondern auch Thisbe, die ihn findet, begeht daraufhin Selbstmord. Seither sind die ursprünglichen weißen Maulbeeren zur Erinnerung an den Doppelselbstmord dunkel.[5]

2. Rezeption

<u>Rezeption in der Literatur</u>

Diese rührende Geschichte eines herkunftsbedingten Liebekonflikts, die durch poetische Züge ihren spezifischen Charakter erhält, wurde oft, ohne entscheidend abgeändert zu werden, neugefasst. Ihren Rezeptions-höhepunkt in der Literatur erlebte sie während des Mittelalters und der Renaissance.

Dabei wurde die Erzählung auf vier verschiedene Weisen gedeutet:

1. **Als eine Erzählung von Liebe und Tod**
   William Shakespeare (1564-1616) verarbeitete Ovids „Pyramus und Thisbe" in zwei seiner Werke. In dem einem Stück „Romeo und Julia" (1594/95) stand die poetische und tragische Seite von der Ursprungs-

---
[5] OVIDI METAMORPHOSEON LIBRI, S.160-166

Geschichte im Vordergrund. Und auch noch heute bewegt dieses in zahlreichen, auch verfilmten (wie z.B.: „Titanic" (1997) von James Cameron oder das Musical „West Side Story" (1957) von Leonard Bernstein (1918-1990))[6] Bearbeitungen die Menschen.

2. **Als abschreckendes Beispiel**

Im Mittelalter wurde die Erzählung von mehreren Dichtern als abschreckendes Beispiel gesehen, da damals Selbstmord als Sünde galt und man deswegen in die Hölle kam. So verfasste der Engländers *Jeorge de Montemayor* (1520-1561) ein Werk, welches den Titel „La infeliz historia de los muy constantes e felices amores de Piramo y Thisbe" hat.

3. **Als groteske Komödie**

Auf diesem Hintergrund wird die spöttische Darstellung, welche sich durch die Rüpelszenen personifiziert[7], des anderen Werks „A midsummer night's dream" (1594/95) *Shakespeares* verständlich. Diese Deutung wiederum färbte sich später auf die Komödie „absurda comica" (1648/50) des deutschen Barockdichters *Andreas Gryphius* (1648-1664) ab.

4. **Als Allegorie für christliches Heilsgeschehen**

In den *Gesta Romanorum* (um 1300) findet sich erstmals eine christliche Version[8], in der Pyramus für den Sohn Gottes und Thisbe für die gläubige Seele steht. Der Tod der beiden stellt somit ein Sinnbild für Erlösung und Passion dar. [9]

Rezeption in der Darstellenden Kunst

Im 17. Jahrhundert erlangten die sentimentalen mit mythologischen Ornamenten ausgeschmückten Kunstwerke ihren Höhepunkt.

---

[6] http://www.klassika.info/Komponisten/Bernstein/
[7] http://teacher.eduhi.at/merlin/latein/inhalte/pyramus.htm
[8] Lexikon der antiken Gestalten in den deutschen Texten des Mittelalters, S.548
[9] Stoffe der Weltliteratur, S.619-621; www.eduhi.at/.../latein/.../OvidIV_55-166_Pyramus_und_Thisbe.doc,

Abb.1: Gregorio Pagani (1558 – 1605) – Pyramus und Thisbe[10]

Abb.2: Pietro Bianchi (1694-1740) – Pyramus und Thisbe[11]

---

[10] http://www.kunst-fuer-alle.de/deutsch/kunst/kuenstler/poster/gregorio-pagani/8809/4/136048/pyramus-und-thisbe/index.htm 22.12.2011
[11] http://18thcenturylove.tumblr.com/post/13403613061/necspenecmetu-pietro-bianchi-pyramus-and 22.12.2011

Auf beiden Bilder ist die Situation, in der sich Thisbe umbringt, zu sehen (Ovid, Metamorphosen IV, 162-163).

> Dixit et aptato pectus mucrone sub imum   162
>
> Incubuit ferro, quod adhuc a caede tepebat.   163[12]

---
[12] OVIDI METAMORPHOSEON LIBRI, S.165

3. Niobe

3.1 Allgemeines

- Buch VI (Vers 146-312)
- Inhalt:
Die Halbgöttin Niobe und Gattin des Königs Amphion von Theben hat sieben Töchter und sieben Söhne. Aufgrund ihres Kinderreichtums sieht sie sich über der Göttin Latona, welche selbst nur zwei Kinder hat. Dies zeigt sich besonders, als die Königin ihrem Volk verbietet, Opfer für Latona zu bringen. Als Strafe schickt die Göttin ihre Kinder Apollo und Diana auf die Erde, um die Kinderschar der Niobe zu töten. Und erst zum Schluss wird die eigentliche Sünderin zu einem Fels am Berg Sipylos versteinert, von dem ewig Tränen rinnen.[13]

3.2 Rezeption

In der Literatur:

Im **Altertum** wurde die Geschichte wiederholt dichterisch behandelt:

Von dem Drama des *Sophokles*, sowie von der Hybris-Thematik (Tragödie) des *Aischylos* sind nur noch Fragmente erhalten[14], welche man vor einigen Jahrzehnten[15] fand. Außerdem weiß man, dass es ein parodistisches Werk des Aristophanes und ein Nioben-Drama, in dem Nero auftrat, gibt. Doch der Nachwelt wurde der Mythos der Niobe vor allem durch *Ovids* Metamorphosen weitergegeben.

In der **Moderne** hat die Geschichte an tragischer Wirkung jedoch verloren:

Auf Grund des in der Göttervorstellung der Antike stark wurzelnden Schuldbegriffs, hat der Stoff der Niobe in der modernen Literatur an Bedeutung verloren, so dass man die Geschichte als nicht besonders tragisch empfand. Und auch der Strafe, die

---

[13] OVIDI METAMORPHOSEON LIBRI, S.205-213; Die schönsten Sagen des klassischen Altertums, S.57-63; http://www.lrz.de/~ud311ah/www/Klucker_Niobe.pdf 23.12.2011
[14] http://zeus-kronion.com/Niobe.htm 23.12.2011
[15] Stoffe der Weltliteratur, S.547

Niobe passiv über sich ergehen lässt, fehlt es an Dramatik. Die wenigen Dramatisierungsversuche blieben demnach ohne Wirkung.[16]

In der Darstellenden Kunst:

In der Kunst hingegen wurde die Niobe-Gestalt oft, meist als Gestalt des Schmerzes, dargestellt. Aus dem 4. und 5. Jahrhundert sind viele Illustrationen von dem Tod ihrer Kinder vorhanden, welche sich meist in der Vasenmalerei und Reliefkunst fanden. Als Reliefkunst bezeichnet man plastische Darstellungen, die sich mehr oder weniger stark vom Hintergrund hervorheben. Man unterscheidet dabei in Flachrelief, Halbrelief und Hochrelief[17].

Reliefkunst:

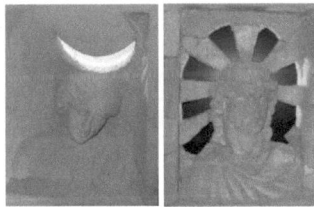

Abb.3: *zwei von hinten durchleuchtbare Altarsteine (Reliefs)*[18]

Auf den beiden Altarsteinen sieht man die Mondgöttin Phoebe und den Sonnengott Phoebus. Sie sollen die Szene (Ovid, Metamorphosen VI, 215-216), in der Latona ihre Kinder als Phoebe und Phoebus anspricht, darstellen.

  „Desine!" Phoebus ait, „poenae mora longa querella est!" 215

  Dixit idem Phoebe; celerique per aera lapsi 216[19]

---

[16] http://zeus-kronion.com/Niobe.htm 23.12.2011; Stoffe der Weltliteratur, S.547
[17] http://www.uni-protokolle.de/Lexikon/Relief_(Kunst).html 23.12.2011
[18] http://www.latein-pagina.de/ovid/ovid_m6.htm#7 27.12.2011
[19] OVIDI METAMORPHOSEON LIBRI, S.208

Vasenmalerei:

Abb.4: Volutenkrater aus Orvieto, 460 vor Christus[20]

Auf dieser Vase sieht man, wie die beiden Kinder Latonas die Bestrafungsaktion gegen die Königin Niobe eröffnen (Ovid, Metamorphosen IV, 217).

        contigerant tecti cadmeida nubibus arcem   217[21]

---

[20] http://www.kzu.ch/fach/as/gallerie/myth/goetter/apart/02_apollart/07.htm 27.12.2011

[21] OVIDI METAMORPHOSEON LIBRI, S.208

Malerei:

Abb.5: Niobiden – Pierre-Charles Jombert, 1772[22]

Auf diesem Bild ist zu erkennen, wie die Kinderschar der Niobe verzweifelt versucht den Pfeilen von Diana und Apollo zu entkommen. Doch, da es niemandem gelingt, sterben alle Kinder der Königin von Theben[23]. Dieses Werk bezieht sich auf die Verse 234-235 des Buchs VI der Metamorphosen Ovids.

frena tamen dantem non evitabile telum 234

consequitur, summaque tremens cervice sagitta 235[24]

---

[22] http://www.latein-pagina.de/ovid/ovid_m6.htm#7 27.12.2011
[23] http://www.latein-pagina.de/ovid/ovid_m6.htm#7 27.12.2011
[24] OVIDI METAMORPHOSEON LIBRI, S.208

4. Pygmalion

4.1 Allgemeines

- Buch X (Vers 243-297)
- Inhalt:
Nachdem der Bildhauer Pygmalion aus Zypern nur schlechte Erfahrungen mit Frauen hatte, wendet er sich nur noch seiner Kunst zu. Dabei erschafft er eine Staue aus Elfenbein in Form einer Frau, in die er sich verliebt und welche später von der Göttin Venus zum Leben erweckt wird. Aus der dann wirklichen Liebesbeziehung der Beiden geht sogar ein Kind hervor.[25]

4.2 Rezeption

Rezeption in der Literatur:

Im Mittelalter fand man die Fabel in moralisierenden Schriften wie dem „Roman de la Rose"[26] wieder, während sich bis zum 17. Jahrhundert alle Bearbeitungen wieder stark am Ursprungstext orientierten.

Im 17. Jahrhundert entstanden einige bedeutenden Übersetzungen und sinngemäße Wiedergaben des Werk Ovids, wie z.B. „Le Statuaire et la Statue de Jupiter in Fables" (1678/1679) von *La Fontaine*.

Erst Mitte des 18. Jahrhunderts begann man die Geschichte anders zu interpretieren. *Saint-Hyacinthe* gab in seinem Gedicht „Pygmalion" der von ihm aus Elfenbein in Marmor umgeänderten Statue den Namen Galathée, welcher in weiteren Bearbeitungen wesentlich wurde.[27] *Johann Jakob Bodmers* Prosaerzählung „Pygmalion und Elise" von 1747[28] lehnt sich an das Gedicht des Franzosen an, beschreibt, wie die nun lebendige Statue ihre Sinne zu gebrauchen lernt und stellt ihre Neugierde als einen ihrer Charakterzüge dar. Weitere literarische Bearbeitung

---

[25] OVIDI METAMORPHOSEON LIBRI, S.371-373
[26] http://www.abaelard.de/abaelard/080002meung.htm 28.12.2011
[27] Karl Wilhelm Ramlers poëtische Werke: operosa parmus carmina fingo, Band 2, 264 IV
[28] Visuelle Evidenz: Fotografie im Reflex von Literatur und Film, S.45

erfuhr der Stoff 1770 in dem melodramatischen Stück „scène lyrique" von *Jean-Jacques Rousseaus*, in dem zum ersten Mal ein echter Ton der Sehnsucht des einsamen Bildhauers, der in seinem Werk zu leben hofft, erklang. Diese liebende Haltung gegenüber der Statue weist auf eine neue Literaturepoche hin, die den Mythos aus der Antike zu dem Symbol einer durch Gefühle möglichen Weltbeschlagnahmung machte. So zietierte unteranderem *Schiller* dreimal (z.B.:1781 in dem Gedicht „Triumph der Liebe")[29] *Jean-Jacques Rousseaus*.[30]

Ebenfalls ab dem 18. Jahrhundert begann man die Fabel des „Pygmalions" auch komisch darzustellen. In dem Lustspiel (1760) von *Poisinet de Sivry*, welches 1776 von einem Deutschen nochmals bearbeitet wurde, sah man den Künstler als Frauenfeind. In der „Zauberkomödie" von 1871 wiederum, eine andere komische Deutung, versinnbildlichte die Statue die Frau, als Geschöpf des Mannes und Objekt dessen Bildens.[31]

Rezeption in der Darstellenden Kunst

Obwohl es in der Geschichte um eine Statue geht, wurde die Bildhauerlegende vorwiegend in der Malerei thematisiert. Denn die Verlebendigung ist in der Plastik viel schwieriger darzustellen als in der Malerei. Geradeemal einem Bildhauer gelang es dem Thema mit seiner Skulptur gerecht zu werden.

---

[29] Visuelle Evidenz: Fotografie im Reflex von Literatur und Film, S.47
[30] Stoffe der Weltliteratur ,S.616-618; http://de.wikipedia.org/wiki/Pygmalion 3.1.2012
[31] Stoffe der Weltliteratur ,S.618-619

Abb.6: „Pygmalion und Galteia" (1763) von Etienne-Maurice Falconet (1716-1791)[32]

Um seine Skulptur möglichst real wirken zu lassen, achtete er auf eine geeignete Haltung der Statue zum Bildhauer und auf dessen Ausdruck, welcher Erstaunen und Entzückung ausdrücken sollte. Nicht zuletzt versuchte er die unterschiedlichen Materialien mit nur einem Material, dem Mamor, optisch erkennbar zu machen.[33]

Abb.7: „Pygmalion"(um 1892) von Jean-Léon Gérôme (1824-1904)[34]

Auf Bild ist der Moment zu sehen, in dem Pygmalion seine Statue durch einen Kuss zum Leben erweckt. Außerdem ist zu erkennen, dass der untere Teil des Körpers

---

[32] http://www.projekte.kunstgeschichte.uni-muenchen.de/Paragone/pyg_falconet.html 4.1.2012
[33] http://www.projekte.kunstgeschichte.uni-muenchen.de/Paragone/pyg_falconet.html 4.1.2012
[34] http://www.projekte.kunstgeschichte.uni-muenchen.de/Paragone/pyg_gerome.html 5.1.2012

noch aus Stein ist und der obere Teil des Körpers zu Seite gebeugt ist. Dabei hat der Künstler sich wohl an Falconet orientiert.[35]

---

[35] http://www.projekte.kunstgeschichte.uni-muenchen.de/Paragone/pyg_gerome.html 5.1.2012

Quellenverzeichnung

Bücherquellen:

Die schönsten Sagen des klassischen Altertums von Gustav Schwab: ENSSLIN & LAIBLIN VERLAG REUTLINGEN (1980); ISBN 3-423-07904-5

Dtv Lexikon von der F. A. Brockhaus GmbH in Mannheim und der Deutschen Taschenbuch Verlag GmbH & Co. KG in München: Deutscher Taschenbuch Verlag; 1997; ISBN 3-423-05998-2

Karl Wilhelm Ramlers poëtische Werke: operosa parmus carmina fingo, Band 2, 264 IV: Anton Pichler (1801)

LATEIN KREATIV, Ovid METAMORPHOSEN von Rudolf Henneböhl: OVID VERLAG; 3. Auflage 2009; ISBN: 978-3-928952-02-3

Lexikon der antiken Gestalten in den deutschen Texten des Mittelalters von Manfred Kern, Alfred Ebenbauer und Silvia Krämer-Seifert: Verlag: Walter de Gruyter GmbH & Co. KG, Berlin/New York; 2003; ISBN 3-11-016257-1

OVIDI METAMORPHOSEON LIBRI: Verlag Artemis & Winkler; Auflage 13 (1.1.1992); ISBN 3-7608-1569-3

Stoffe der Weltliteratur von Elisabeth Frenzel: Alfred Kröner Verlag in Stuttgart; 4.,überarbeitete Auflage (1976); ISBN 3-520-30004-4

Visuelle Evidenz: Fotografie im Reflex von Literatur und Film von Barbara Korte und Sabina Becker: Verlag: Walter de Gruyter GmbH & Co. KG, Berlin/New York (2011); ISBN 978-3-11-022919-6

Internetquellen:

http://www.idw-online.de/de/news10587 21.12.2011

http://www.answers.com/topic/bernard-salomon-art 21.12.2011

http://www.klassika.info/Komponisten/Bernstein/ 22.12.2011

http://teacher.eduhi.at/merlin/latein/inhalte/pyramus.htm 22.12.2011

http://www.uni-protokolle.de/Lexikon/Relief_(Kunst).html 23.12.2011

http://www.lrz.de/~ud311ah/www/Klucker_Niobe.pdf 23.12.2011

http://zeus-kronion.com/Niobe.htm 23.12.2011

http://www.latein-pagina.de/ovid/ovid_m6.htm#7 27.12.2011

http://www.abaelard.de/abaelard/080002meung.htm 28.12.2011

http://de.wikipedia.org/wiki/Pygmalion 3.1.2012

http://www.projekte.kunstgeschichte.uni-muenchen.de/Paragone/pyg_falconet.html 4.1.2012

http://www.projekte.kunstgeschichte.uni-muenchen.de/Paragone/pyg_gerome.html 5.1.2012

http://images.buch.de/images-adb/f6/14/f61469ac-4750-4a97-96ef-3b5836f64319.jpg 11.1.12

Bildquellen:

http://www.kunst-fuer-alle.de/deutsch/kunst/kuenstler/poster/gregorio-pagani/8809/4/136048/pyramus-und-thisbe/index.htm 22.12.2011

http://18thcenturylove.tumblr.com/post/13403613061/necspenecmetu-pietro-bianchi-pyramus-and 22.11.2011

http://www.kzu.ch/fach/as/gallerie/myth/goetter/apart/02_apollart/07.htm 27.12.2011

http://www.latein-pagina.de/ovid/ovid_m6.htm#7 27.12.2011

http://www.projekte.kunstgeschichte.uni-muenchen.de/Paragone/pyg_falconet.html 4.1.2012

http://www.projekte.kunstgeschichte.uni-muenchen.de/Paragone/pyg_gerome.html 5.1.2011

http://ana.anacondaverlag.de/media/Ovid_Metamorphosen_neu_258x387.jpg 16.01.2012

BEI GRIN MACHT SICH IHR WISSEN BEZAHLT

- Wir veröffentlichen Ihre Hausarbeit, Bachelor- und Masterarbeit

- Ihr eigenes eBook und Buch - weltweit in allen wichtigen Shops

- Verdienen Sie an jedem Verkauf

Jetzt bei www.GRIN.com hochladen und kostenlos publizieren